土と炎に挑む　人間国宝　伊藤赤水の世界

土と炎に挑む　人間国宝　伊藤赤水の世界

もくじ

〔佐渡島〕

つくる側から言わせてもらうと、
形をつくるのも
窯をたくのも難しい。
私にとっては
すべてが難しいんです。

伊藤赤水

・佐渡に近づくと、姫崎の白い灯台が見えてくる.

＜人間国宝＞認定

越後側から望むと「佐渡は四十九里・波の上」にある。はるか水平線上に山並みが重なって見える。左手のおだやかなラインは小佐渡山脈、その向こう、右手にうっすらと連なっているのは大佐渡山脈だ。標高一、一七二・一メートルの金北山がツンと頭を出している。新潟から両津まで三十五キロ。高速船で一時間、カーフェリーで二時間二十分の距離である。大佐渡、小佐渡にはさまれた穀倉地帯・国中平野をひた走り、中山峠の長いトンネルを抜けると日の前の風景は一変し、坂の下手に相川の町並みが広がりを見せる。その向こうに海が、日本海が大きく広がっている。

相川―かって金山で大変なにぎわいを見せた町だ。慶長見聞録には「京・大坂にもなきにぎわい」と記されているという。いまにも崩れ落ちそうな感のある旧精錬所などのたたずまいは、見る者の胸に迫ってくるものがある。

　この町は焼き物の歴史も刻んできた。現在、十を超える窯元が展覧会出品など精力的に活動している。無名異焼の「赤水窯」もその一つだ。

　陶芸家・五代伊藤赤水の住まいは、その相川の中心街にある。店の奥の畳の部屋のなげしの上に額に入った賞状がずらりと並んでいる。日本陶磁協会賞、日本陶芸展最優秀作品賞、高松宮記念賞…一人の陶芸作家の足跡が刻み込まれたレリーフと言えよう。

が、そこには〝あれ〟がない。ゆっくり見直してみてもやはりない。「ああ、人間国宝の認定書ですね？　まだ頂戴したままになっておりまして…」と、赤水さんが認定書の入っている紙筒をポンとテーブルの上に置いた。開いてみる。うっすらと風にそよぐ松の姿などが刷り込まれている認定書には、こんな文字が並んでいた。

伊藤窯一殿（五代伊藤赤水）
　昭和十六年六月二十四日生
文化財保護法第五十六条の三の
規定により重要無形文化財無名
異焼の保持者として認定します
　平成十五年七月十五日
　　文部科学大臣
　　　遠山　敦子

・相川の中心部にある伊藤赤水氏の自宅とショールーム。ショーケース内の「窯元 赤水」の文字は四代・赤水の手になる.

満で六十二歳という若さでの〝人間国宝〟認定である。

そうですねぇ。六月十日（平成十五年）だったと思う。文化庁から電話がありまして…。「あなたを重要無形文化財保持者として認定したいんだが、お受けいただけますか？」と言うんです。一瞬、おやっ、何の話？と思った。「私のことですか」と念を押したことを覚えております。

これまで三十何年かにわたる焼き物の仕事のなかで、ぼくの頭に人間国宝のことは全くなかった—と言うと嘘になる。ただ、それは現実味のない夢のようなもので、「誰それさんが人間国宝になった」といった話を耳にしても、自分とは違うところの話と思っていました。

だから、ぼくにとって今回の認定は、「とう

・高台から望む相川の家並みと日本海.

とうきたか」とか、「やっとときたか」といったものではなかった。それが実感です。

東京のホテルでの認定書交付式のあと、九月二十五日に皇居で天皇・皇后両陛下が出席されての記念茶会がありました。今回認定された十人とその夫人九人が、三つの丸テーブルに分かれて座りました。

両陛下は一つずつテーブルを回り、一人ひとりに声をかけられた。ぼくの番となり、私はまず「佐渡が島に住んでおります」と自己紹介しました。「佐渡」より「佐渡が島」と言った方がインパクトが強い、と常々思っているもんですから…。陛下からは「きょうの船（両津―新潟航路）はいかがでしたか？」「（無名異焼の）土はまだありますか？」といったお問いかけがありました。

会場は、大きなガラス越しに庭が見える広

間でした。陛下がこられる前のちょっとした時間に宮内庁の人がぼくのところにきて、「あそこに見える赤玉石は、佐渡の金山奉行が江戸城に献上したものです」と説明してくれた。そう、三、四トンはある大きな石でした。「佐渡が島」という表現で自分なりに佐渡への思いを表すことができ、赤玉石にもめぐり合うことができた…。それなりに意義のあるお茶会だったような気がします。

図らずも重要無形文化財保持者として認定いただいたわけだが、ぼく自身、情報が少ないところにいたし、現にいまもそこにいるので、どういうプロセスで選ばれていくのか、どんなことがそのファクターとなるのか—ということはいまだに分かりません。

想像するに、それぞれのジャンルで受賞を重ねていく、ということが一つの必要条件になるのかなあ…と思う。ただ、それが必ずしも十分条件にはなりえないのではないですか。その意味で、上、下ということでなく、人間国宝への認定ということは、賞をもらうということとは違うのかなあ、との感がある。

例えての話、昭和六十二年にもらった日本陶磁協会賞は作品ではなく、作家としての実績や活動に対してのものと聞いています。そのほかの各賞は、作品そのものに対する評価としていただいたものが多い。

これに対し、人間国宝は伝統という枠組みの中で技法や作品を保存、継承していくという意味合いがあるという。意識のうえでの違いは、やはりありますね。ぼくとしても…。

こういうことになって以来、周囲の人たちのリアクションは、ぼくが思っていた以上に強い、と感じました。当の本人は変わってい

1．無名異窯変花入

ないのだが、周囲がどんどん変わっていく――という感がしました。
　重要無形文化財保持者としての認定は、ぼくとしてもうれしいことです。それは間違いないが、正直言って「万歳、ばんざい！」という感じのものではなかった。案外さめているんだな、と自分自身思っていました。年のせいでしょうか…。
　伝統工芸展に作品を出し始めたころ、出しても出してもコロコロ落ち、四年目にやっと「入ったよ」の連絡を受けた。あのときの思いと言ったら…。喜び、うれしさは若いときほどダイレクトに、なのですね。
　素直に「うれしい！」とはいかない。やっぱりトシなのかなぁ。

・相川の町並み.

赤い水の流れ

相川町の教育委員会が、昭和二十八年十二月十八日付でまとめた「平井栄一述 佐渡に於ける陶器の歴史」という文書がある。その書き出しに、こうある。

「慶長六年（一六〇一年）に相川鉱山が発見され、これに伴う諸種の商売が営まれるなかに〝かわらけ屋〟と称して家庭用のかわらけ、もしくは坑内点灯用のかわらけを製造して渡世するものが出来た。その家系はいまもなお続いている」

そのあと数行置いて「（佐渡に渡ってきた）加賀の住人・伊藤伊兵衛の子・甚兵衛が羽口製造に従事、その子の伊兵衛が正徳四年（一七一四年）家業のかたわら素焼きの日常品を造り出すに至った。これは実に佐渡陶器の嚆矢であって…」と記述している。

十七―十八世紀は、佐渡の焼きものにとって揺りかごの時代だった、といえよう。

窯一（よういち）というぼくの名前―おやじがつけたんでしょうね。「窯」「一」のどちらも好きな字です。

小・中・高のクラス初顔合わせのとき、先生からよく「カマイチ君」と呼ばれました。なんというか、一種の快感があった。うちの仕事、なりわいをストレートに表現した名前で、多分自分も小さいときから「焼き物の仕事を」という気持ちがあったのでしょう。

ぼくの分かる範囲でしか話せませんが、三百年前に加賀から渡ってきた伊藤伊兵衛という人が伊藤家の始祖となっている。佐渡金山

佐渡金山遺跡「南沢疎水道」.

佐渡金山・道遊の割戸（奥のV字状に割れた山）.

・自宅から工房へは、この小道を通って行く。突き当たりの大安寺の前を右に曲がると、すぐ右手に工房.

・工房近くに黙然と座す地蔵さま.

のゴールドラッシュにひかれ、大きな夢を胸にやってきたのでしょう。以来、代々金採掘の送風管である羽口《はぐち》づくりをなりわいとしてきた。

陶器づくりを始めたのは、伊兵衛から八代目の甚兵衛で、「赤水」を名乗ったのは九代目の富太郎です。赤水という号は、金鉱から流れ出る疎水の水が赤い色をしていたところから生まれたものです。佐渡の漢学者・円山溟北の命名と聞いております。

それにしても、伊兵衛は交通の便の悪いあの時代にはるばる海を渡ってやってきたわけで、ロマンチストであり、実行力ももっている人ではなかったか、と思う。その遺伝子はぼくのなかにも残っているのか？…どうなんでしょうねぇ。

三代　伊藤赤水「布袋」

四代目の赤水となる父の伊藤博は、ぼくが生まれてすぐ戦争に行きました。私が五つのとき帰ってきた。二十八、九歳でした。おやじは都合十五、六年くらいしか仕事をしていないが、残っている作品を見ると、神経のとぎすまされた実《み》の濃い仕事を短期間でやってのけたな、との感がある。おやじはぼくが十九歳のとき、四十四歳で亡くなりました。昭和三十六年です。

小学生のころから十九歳までおやじの仕事を見ているが、ぼく自身この間、土にはほとんど触っていません。自分の仕事にのめり込んでいるおやじとしては、子供に構っている気持ちのゆとりはなかったと思う。祖父の三代・赤水（伊藤孝太郎）に連れられて仕事場に顔を出すと、「仕事場に来てはだめだ」と言われたものです。

父はうちでも仕事以外考えていない感じ

四代　伊藤赤水「蝦蟇仙人」

で、いつも神経をピリピリさせていた。戦争という大変つらい場に身を置いたせいか、おやじから戦争の話を聞いた覚えはありません。

おやじが亡くなった当時、ぼくは県立佐渡高校を出て浪人していました。葬式が済んで祖父と母が、「大学に行って四年間がんばろうよ」と言ってくれた。ということで、おやじの母校である京都工芸繊維大学（四代・赤水が在学したのは同大学の前身の京都高等工芸）に進学したわけです。「おやじの跡を継がなければ…」という気持ちがあったのは事実です。

京都からは昭和四十一年に帰ってきました。オーバーな言い方をするなら、帰った次の日から「轆轤《ろくろ》を引けなきゃ話にならないし、仕事にもならない」と腹を決め、朝から仕事場に行きました。ろくろを引いてました。

当時、祖父は七十四、五歳になっていました。三代にとっては仕事場の経営をどうやっていくか、で頭がいっぱいだった。ただ、ぼくに対しては経営についても技術面についても、仕事のことについては一言も言わなかった。ぼくはほとんど土に触っておりました。

そう、そこそこにろくろを引けるようになるまで二、三年かかりましたね。作品をつくるなんてものじゃなく、とにかく修練の期間だった。じいさんは黙って見ていました。

・相川は、坂道や階段が多い。
下りて少し行くと、日本海が広がっている.

・工房の近くを流れる小川（通称「赤川」）.

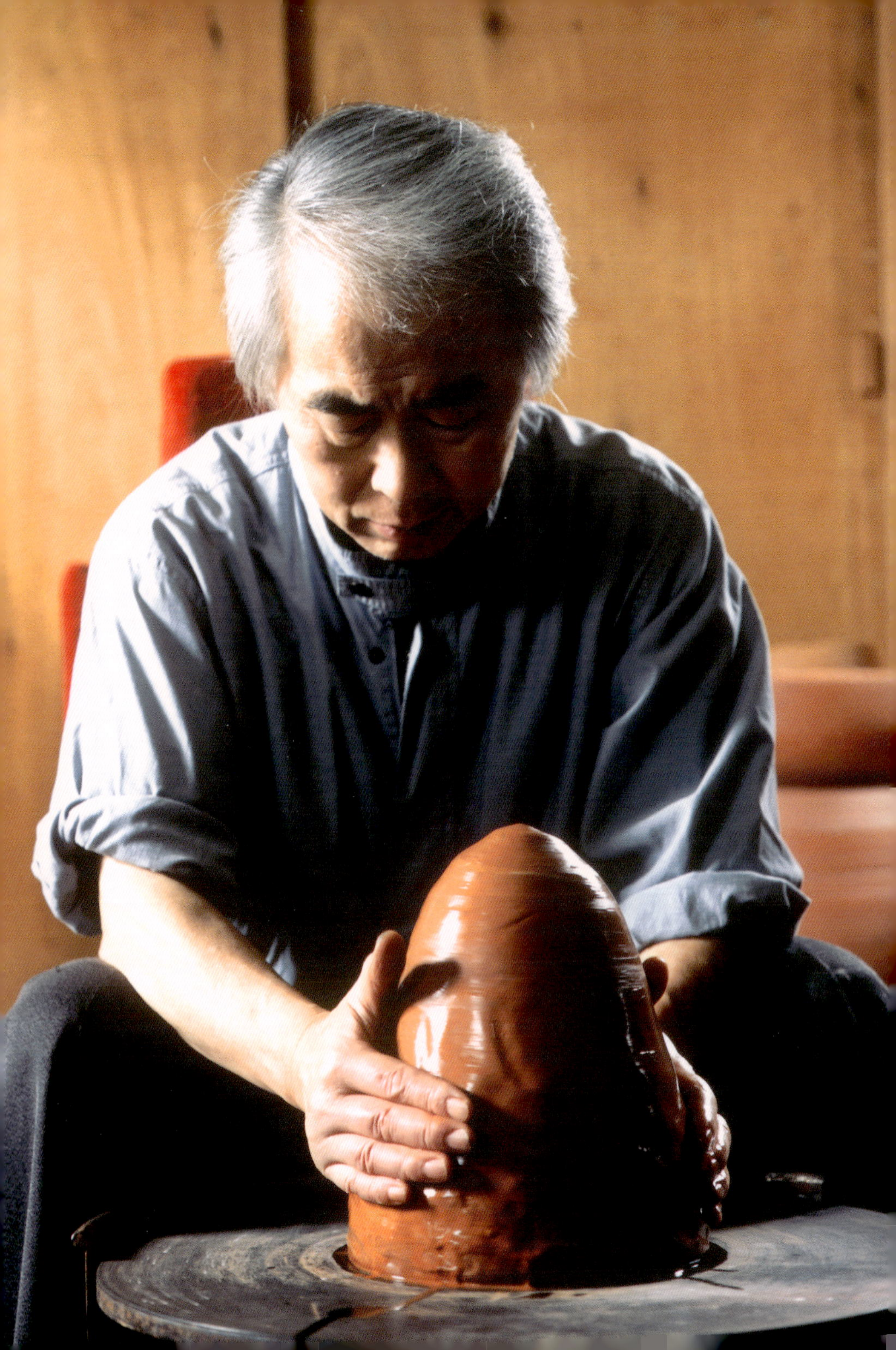

「工」と「芸」の二字

赤水さんが京都で大学生生活を送った昭和三十七年から四十一年にかけての時代—海の向こうではキューバ危機があり、ケネディー暗殺、フルシチョフ解任があった。ベトナム戦争が激化し、北爆へと突き進んでいった。

新潟県内では、新潟—上野を結ぶ特急「とき」の運転開始、新潟新産都市指定、新潟国体があり、三八豪雪、新潟地震に見舞われた。集団就職のピークは三十八年だった。

三十九年の東海道新幹線開通と東京オリンピックは、一つの時代を表徴する巨大イベントだった。

「当時、佐渡観光の客は右肩上がりに伸び、焼きものをやる人もぐんと増えました。物の売れる時代でした」—赤水さんは、こう振り返る。

進学先は京都工芸繊維大学を選んだわけですが、正直言って高校生時代はどこの大学に行くか見えていなかった。生前、おやじから「おれが行ったところでいいんじゃないか」と言われた程度でして…。焼き物の仕事と関連性のあるところ—言ってみれば、工学的な要素と芸術的な要素を併せ持ったところでないとまずいだろうなあ、といった気持ちはありました。

四代・赤水の仕事を横目で見てきて、おやじも作家と企業人という二足のわらじをはいていたように思う。企業人としては手仕事を機械化したり、仕事量を増やそうとしたりやってました。半面、作家として生きたい気

持ちもあったと思う。
そういう姿を見てきて、ぼくもそういうことではないか、大学を選ぶにしても芸術と工学の中間的なところはないか、という気持ちになっていったようです。工芸繊維大学の「工芸」という二字にひかれたのは事実です。
芸術専門の芸大に行こうという気持ちはなかった。そこに行くと、作家として生きるしかないんじゃないか、と思ってました。

学生時代を振り返ってみて、正直、四年間何をしていたんだろうと思います。勉強はおもしろくなかった。おやじの在学中は、デザインやろくろなど陶芸に結び付く授業があったようだが、ぼくの時代はガラス、セメント、耐火・燃焼といったものが授業の主流で、陶芸の講座は四年間のうち一年だけ週二時間の授業があっただけだった。

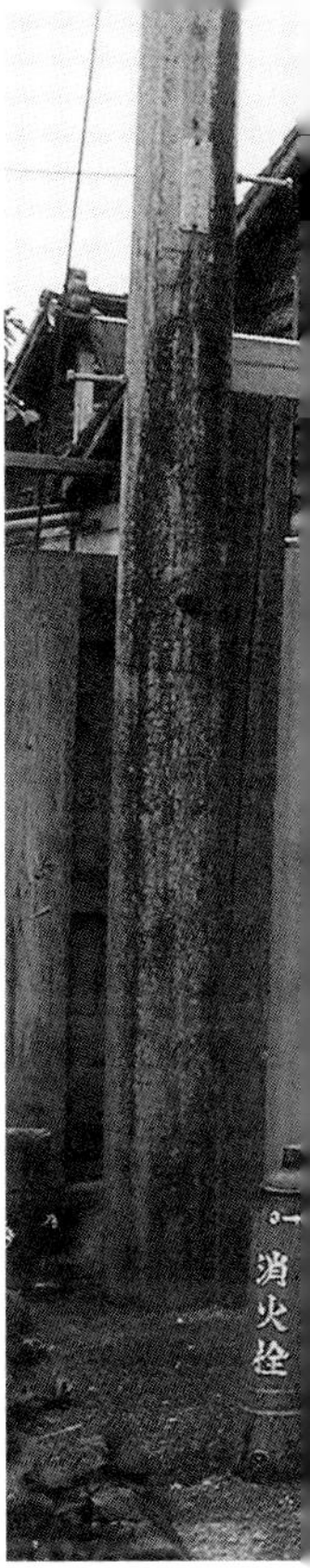

・工房の入り口.

「ぼくが求めてきたのと違うよ」という思いで、なんか乗らなかったですねえ。なんとか卒業できるよう出席時間だけは確保した状態で、「伊藤が卒業できるのなら、みんな卒業できる」なんて言われたもんです。

当時、私の父と学生時代に同期だった奥田進さんという方が、大学の窯業科の先生をしておられた。ぼくのお目付け役でもあったわけです。下宿先も奥田先生の隣の家にさせられました。

休みいっぱい佐渡に帰っていたら、先生から「試験が始まるから帰ってこい」というハガキがきた。それぐらい勉強の方には熱心でなかったのでしょう。

卒論は釉薬《ゆうやく》関連のもので、奥田先生に提出し、なんとか卒業させてもらいました。この卒論は陶関連では、京都時代唯一の成果ということになります。

ぼくにとって京都時代はいったい何だったんだろう？　ときどきそんなことを思う。やはり、人との出会いが一番大きい。知らず知らずのうちに、京都という空気を吸ったことも大きいですね。京都はトラディション（伝統）とアバンギャルド（前衛）が混在している町で、京都人にはいい時代、悪い時代を乗り越えてきたしたたかさがある。メンタルな面で洗練されたものがある。おしゃれなんですよ。東京とは違う。そういうエキスをもらえた、ということはぼくにとってすばらしいことだったと思います。

＜ひと＞の面ではもうひとり、京都工芸工業短大で釉薬の先生をしておられた久保義蔵先生との出会いも忘れることができません。久保先生は、展覧会に作品を出品する道を開いてくれた人です。

大学を卒業して佐渡に帰り、二、三年たったころ周囲から、「展覧会をやった方がいいんじゃない」という声が聞こえてきた。自分自身、作家としての要素も必要なのではないか、と思えてきたが、それに向けてのパイプがない。ふと思い浮んだのが、卒論を書くとき参考資料をくださった久保先生の顔です。

早速、京都に久保先生をお訪ねしたところ、「そういうことなら宮永東山さん（京都の名門陶芸家）を紹介してあげよう」と東山さんのところへ連れて行ってくれた。その輪は、東山さんから吉田耕三さん（陶芸評論家）につながり、吉田さんから「伝統工芸というステージもあるよ」と教えられました。

日本伝統工芸展に初入選（昭和四十七年）したときの作品は窯変の壷だった。「売りませんから」と言ったら、「先のことを考えなきゃいけない。売りなさい」と吉田さんに怒

・赤川をはさんで右側が工房、左側に窯のある建物がある.

られた。

その壷は、京都の人が買い上げてくれました。いまどこにあるのか、分かりません。

佐渡　そして東京

長靴の形をした半島に栄えたフィレンツェ、ベネチア、ミラノ、ナポリなどの都市国家は自らの地域・文化に誇りを持っていた。幕藩体制下の日本でも金沢、仙台、松江といった城下町には城下町なりの生活文化が育《はぐく》まれた。歴史の波にもまれながら、佐渡には佐渡ならではの〝らしさ〟が醸成されてきた。

中央と地方の在りようが問われているなかで、差し当たって地域に求められるのは何か？　新潟大学名誉教授の久保尋二さん（美学・美術史）は「地域の独自性に誇りを持ち、自信を持ってそれを発信していくということではないですか」と言う。

久保氏が見るところ、佐渡の〝外来文化〟には、①京都など中央からの貴族文化　②江戸伝来の庶民レベルの武士文化③北前船に乗ってきた上方の町民文化という三つの流れがある。「それを咀嚼《そしゃく》し、自前の生活文化を育んできたのが佐渡」と言う。

佐渡に生まれ、育ってきた赤水さんの佐渡への思いは篤《あつ》い。一極集中の東京にはさめた目を向ける。

私の中で佐渡が島は、大きな意味を持っております。佐渡があるから自分がある。その「佐渡」とは、佐渡そのものです。自然、歴史、そして人…と挙げていくと要素はたくさんあるが、そういったこと全部をひっくるめての佐渡があるから自分もある。そういうことなんです。

初代　伊藤赤水「蝦蟇仙人花瓶」

二代　伊藤赤水「羅漢」

ただ、私が佐渡に住んでいるのは、こよなく佐渡を愛しているから、ということではありません。結果としてそうなった、と言っていい。先祖が佐渡に渡ってきて三百年になる。以来代々焼きものをやってきた…ということは、ぼくにとって大変に重いことなのです。

言ってみれば、ぼくは終わりのない駅伝競争で、一区間を走るランナーです。走るなら、代々走り継いできた佐渡というコースで走るべきだろう、という思いが大きかった。振り返ってみて、そんなふうに思います。

その佐渡で生きてきて、「困った問題だなぁ」と思うのは、島の中の経済がどんどんしぼんでいっていることです。これまでずうっとやってきた事業も、継続のパワーがなくなってきている。回るべきものが回らなくなってきている。生活者にもいろいろマイナス面が出てます。島から出て行く人も多い。これは、ほんと、さみしいですね。

地域の文化や芸術を掘り起こしていこう、という動きもあるんですが、観光とは必ずしもリンクしていない。リンクさせていくことで、佐渡観光再浮上の一端になると思うのですが…。

東京ですか？　東京というところは、あらゆるものの価値を決めていく場なのではないですか。陶芸をやっているぼくにとっても、東京はぼく自身を含めてすべての価値を決定する場だと思う。私自身の側から見ると、東京は、価値決定に向けてアクティブな姿勢を向けていく対象と言える。善かれあしかれ、いつも…です。

一方に〝佐渡に住んでいるということ自体に意味がある〟という現実がある。もう一方には〝あらゆるものが東京で決まっていく〟

三代　伊藤赤水「竹図花瓶」

四代　伊藤赤水「花瓶」

という現実がある。その違和感をどうクリアしていくか？　現実論としては、「東京で開かれる公的な展覧会で結果を出していかなければなるまい」ということになるんですね。東京ですべてが決まっていく、ということにはぼく自身、釈然としないところがあります。

地方にスタンスを置いていても、懸命にやっている人が実績として、結果として、やっていることに意義を持つことができるようにする…。そのようにあるべきなのではないでしょうか。

振り返ってみると、これまで地方の側も中央を志向してきていました。戦後、日本全体を底上げすることができたのも、それで頑張ってきたから、と解釈することもできます。それがある時期から、「地方の個性を見詰め直し、地域は地域なりの存在感を示そうじゃないか」ということになってきた。歴史の上での評価はさて置き、一極集中の問題は、国民全体が考えなければならないことだと思います。

現実の話、地方から中央に向けて若い人がどんどん流出している。地方に住んでいる人は、出たっきりで帰ってこない子弟のために多大な教育投資をやっている。これで日本は成り立っているんですよ。どこか、なにか、違っているんじゃないですか？

一極集中という状況は芸術、文化の領域にもある。ハード、ソフトの両面にあります。例えばの話、ことし（平成十五年）で五十周年を迎えた日本伝統工芸展の記念展は、日本海側では金沢にしか来なかった。新潟には来なかった。在来パターンは、依然として健在ということです。

いわゆる一極集中のマイナス面を打破していくためには、地域の側からの強いアプローチが必要と思う。それをどんどんやっていかないと、向こう（中央）は従来のパターンで押してきます。展覧会の地方開催を例に取ると、地域の自治体にも「ぜがひでも…」というアクティブな気持ちになってほしい。ぼくも地域自治体のしかるべき人に、その点をお願いしたことがあります。

ただ、それをやるにしても現実的な対応は必要と思う。最初から「なによりもまずパターンを変えるべき」ということではなく、とりあえずのところ目の前にあるパターンは認め、そのなかで「自分はこうしたい」と提言していくようにしていかないと、現実は動いていかないような気がします。

パターンを変えてからやろう―では、ぼくたちも待ってはおれないし、生きていけません。

どうでしょう。これからの時代、ローカリズムとグローバリズムはオーバーラップしていくんじゃないですか。ぼくは、地域―「いなか」ということですね―その地域を大切にするということはグローバル、言ってみればこれからの地球世界をどうするか、につながると思うんです。

現実にはあれこれ難しいハードルがあるのも事実ですが、そういった地域の側のスタンスは、中央の側に認めさせていかなければならない。そのためには地域の側としても、それなりのものを構築していく努力、尽力が必要だと思います。

気になる佐渡が島ですが、いまのところ経済面では下降局面に入っている。いい答えはまだ見つかっていません。観光面では、日々の暮らしにさわらない形で佐渡の素顔を見せる。今の時代のニーズに対応したものを少しずつ増やしていく…。「現実論としてこういうことも考えていいのではないか」と、ぼくなりに提案しているんですが、さてどんなものでしょう。

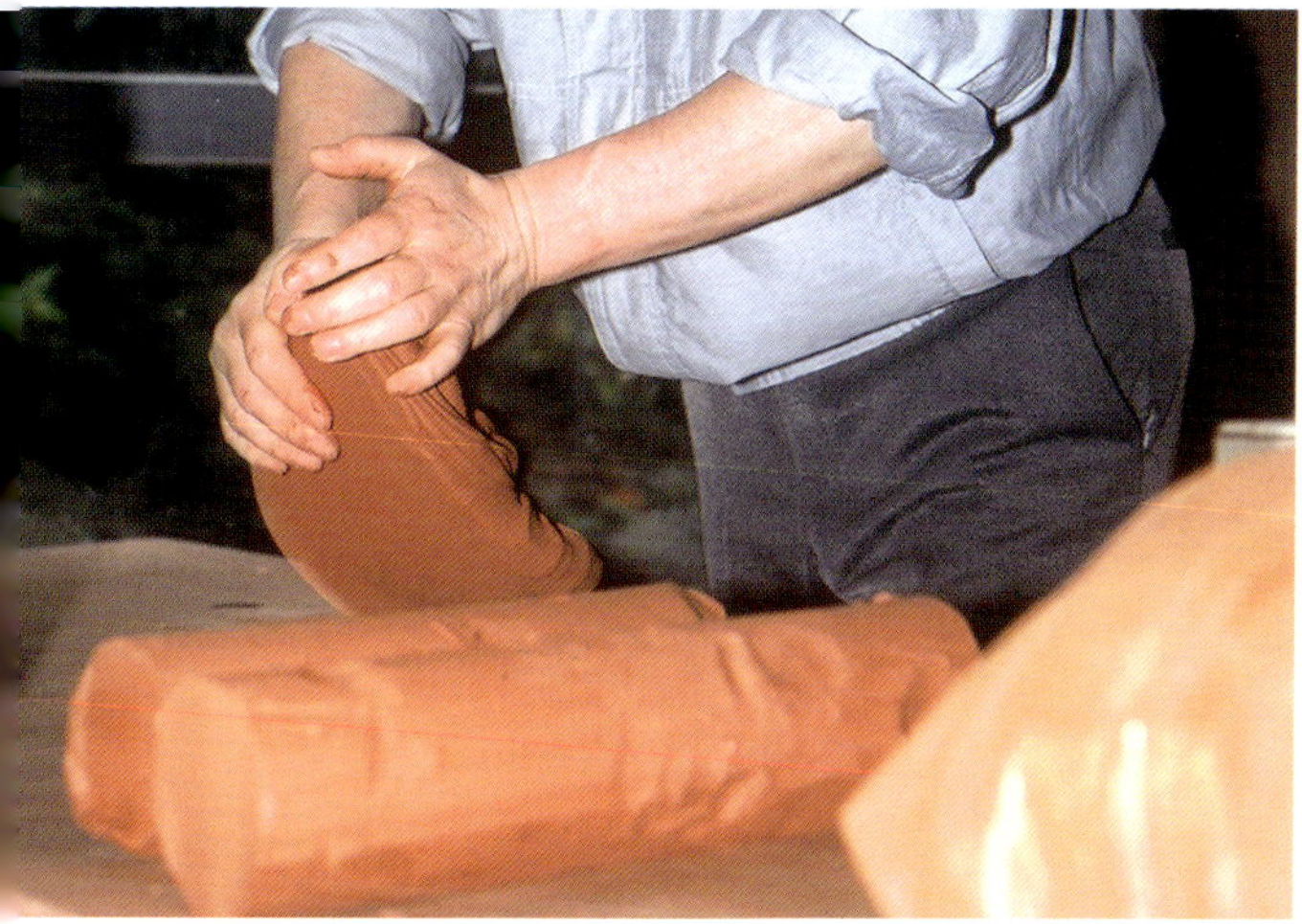

・筒状の土をこねる.

・土の中の空気をしめ出すように
こねていく.

・こねられた土は徐々に菊の紋様になる.

無名異焼のこと

広辞苑で〔無名異〕を引いてみる。「佐渡に産する赤色の粘土で、硫化鉄の酸化したもの。中国では呉須の別称」との解がある。

〔無名異焼〕については「弘化（一八四四―四八）年間、佐渡の相川で伊藤甚兵衛が無名異を陶土に入れ盃・茶碗などを焼いたもの」との説明がついている。

「甚兵衛は陶土に無名異を混じて楽焼を始めた。これは佐渡無名異の始発とも言うべきで、ただ、今日の無名異焼のように堅地でなかったことは事実である」―相川町教育委員会がまとめた「佐渡に於ける陶器の歴史」の中では、甚兵衛の事蹟についてこのように触れている。

ちなみに現在佐渡では清水平（相川）で無名異を採掘している。無名異は厚さ三メートルほどの表土の下に四十センチぐらいの薄い層をなして広がっている。

あの土を「無名異《むみょうい》」と呼んでいるのは、佐渡と石見（島根県）だけです。酸化鉄を含んだ赤い色をした土だが、〝鉄分を含んだ赤い土〟なら日本のあちこちにある。佐渡ではそれを「ムミョウイン」と言っていた。どうしてか、無名異の下に「ン」の字をつけて呼んでました。似たような土が日本のどこにあろうとも、佐渡ではやはり「無名異」「ムミョウイン」なのです。

無名異を使った無名異焼は、佐渡という土に根ざしたローカルなものと言っていい。備前にしても、常滑にしても、ローカルに発したものです。マーケットに数が出たかどう

か、で知名度に違いが出てくるのでしょう。

福岡、札幌といった佐渡から遠い地域の都市で個展を開いても、「無名異？　耳にしたことがありません」という人が多い。当然のことでしょうね。


無名異という土は粘着力が弱く、てのひらに乗せるとパラパラと指の間から飛び散ってしまう。だから、焼き物をつくるときは粘土などを混ぜるんです
無名異と混入する土として何を選ぶか？その混ぜ具合はどうするか？　これはつくり手がどう考えるか、の問題です。その意味で、素材の一つとして無名異を使う無名異焼という焼き物は、一人ひとりのつくり手が主体的につくり上げるものと言っていいでしょう。

いまの時代、赤い肌がツルツルしていて硬質感もある焼き物を、ひっくるめて無名異焼と思っている人が多いようだが、そういったタイプのものが無名異焼のすべてではない。〝赤くてツルツル〟は、無名異の一つのパターンに過ぎません。

そのパターンは、明治になってから中国の朱泥焼を志向した先人たちがつくった。それがマーケットに支持され、大正・昭和と流れてきている。ぼくは、そう思います。

忘れてならないのは、その前の段階にラク（楽焼）の時代があって、佐渡では楽焼も無名異を使っていた、ということです。楽焼きの時代は、いまほど無名異独自の色〝赤〟にとらわれず、無名異土を使っていたのではないでしょうか。

赤い土を使って焼いた中国の朱泥焼との絡みで言うと、朱泥焼というものは青磁、白磁などと同様、焼き物を分類していくうえでの

2. 無名異練上大鉢

一つのジャンルであって、無名異焼も朱泥焼の中に包括されるものとみていい。無名異焼は、朱泥焼の一つということです。

　なにはともあれ、佐渡の焼き物も二百年、三百年という歴史を刻んできた、ということで、ぼくにとっても大変に重いものがある。これからも無名異への取り組みは、仕事のなかで大きな柱となる。これは変わりません。

　ただ、先を見通しての話となると、焼き物の世界も、これまでと違うパターンへの志向が出てくるのではないか。そんな気がします。いまのままで行くと、無名異焼の世界にも閉塞感といったものが出てくる。無名異という素材に、つくり手がどのように手を加えていくか、どういう表現パターンを生んでいくか――。これからの課題だと思う。

　守るだけではなく、固定されたパターンを破って前に進んでいく、ということになるんじゃないですか。もちろん、無名異という素材をベースとして踏まえて、の話ですが…。ぼくは、そう思います。

二筋のレール

数からいくと、現在、五代・伊藤赤水の作品は、窯変と練り上げが五分五分というところという。「ぼくの中でこの二つは、並列した存在です」と赤水さんは言う。

昭和五十七年九月の第一回展を皮切りに、二、三年置きに東京・日本橋の「三越」で、伊藤赤水・無名異作陶展が開かれている。平成十三年三月で第八回を数えるに至った。

展覧会に付きものの図録には、代表的な出品作の写真が掲載されている。過去八回の図録のページを繰ってみると、第一回展の図録に登場しているのは窯変だけで練り上げはない。練り上げが登場するのは昭和六十年四月の第二回展以降で、掲載写真の中で練り上げが占める比率は、第二回展の一三%を皮切りに三〇、五四、五〇、二六、四四%と続き、平成十三年の第八回は五三%となっている。

平成十五年九月、五代・赤水の人間国宝認定を記念して、新潟市の大和新潟店で開かれた伊藤赤水展の図録に載った二十九点の作品のうち十九点、六五%が練り上げだった。

「餅は餅屋で、図録のはり付けは、会場となるデパートや印刷会社が担当します。当然、マーケットも頭に入ってくるでしょう」――赤水さんの話である。

3. 無名異練上大鉢

4. 無名異練上花紋大鉢

5. 無名異窯変壺

6. 無名異練上花紋大壺

7. 無名異窯変大壺

8. 無名異練上花紋香炉

9，無名異練上大鉢

10．無名異練上樹紋大角皿

11. 無名異練上角皿

12. 無名異練上香炉

13. 無名異練上花紋鉢

14　無名異練上花紋大鉢

15. 無名異窯変大壺

16. 無名異練上大角皿

17. 無名異窯変大壺

＜窯変＞炎との対話

一口に言って＜窯変＞とは、窯の中で燃え盛る炎の当て方によって生じる、焼き物の表面の色の変化—ということになるんじゃないですか。無名異焼に使う無名異は、鉄分を含んだ赤い土で、その土を窯で焼くとそのまま赤い色で出たり、黒く変色したりする。その違いは鉄分と酸素の化合の仕方によるもので、真正面から炎を当てると、その部分の鉄分は酸素分の少ない酸化第一鉄となり、色が黒くなる。炎の当て方によって、表面の色の出ぐあいが違ってくる、というわけです。

焼き物は、できていく過程のなかに「焼く」というプロセスがあります。これは一〇〇％コントロールすることはできない。窯変は、そうしたファクターを色濃くもっている技法と言っていいでしょう。

だから、窯を焚《た》きながら「失敗したナ」と思ったものが、開けてみて「いいものが焼けた」となることがある。ときには「失敗」が、「いい結果」につながることもある。窯変は得てして、そういうところがあるんです。

ただ一〇〇％のコントロールはできないとしても、経験則から窯入れの段階で出来上がった作品の、赤と黒の配置のイマジネーションを頭の中で描くことはできる。こういった形で、窯の中のあの位置に置くと火炎はこんなふうに巻いて、出来上がりはこのような色の配置になる—といったことは、ある程度予測できるんです。長年「窯変」を手がけてきたおかげと思っております。

この窯変—言ってみればもやもやっと黒い色が立ち表れるという現象—は、中国の朱泥

・焼成を待つ作品.

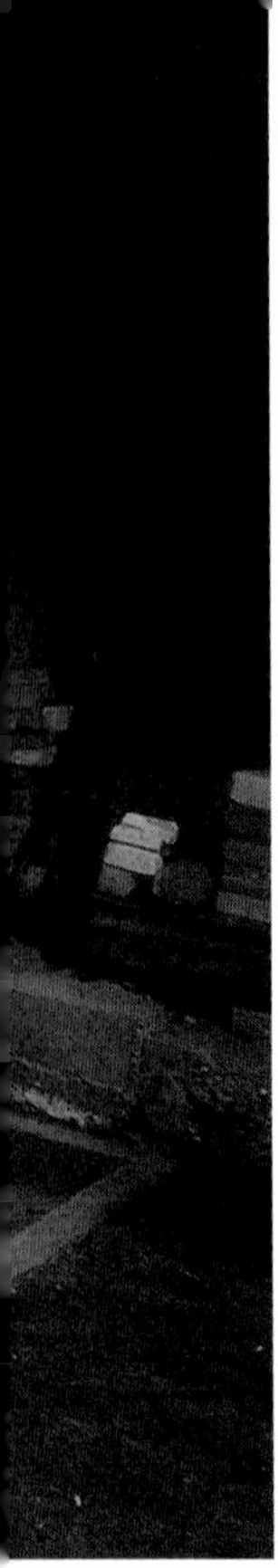

・のぼり窯（左）と窖窯＝あながま（右）が並ぶ.

焼を目標とした明治以降の無名異焼にとって邪魔な存在だった。無名異の「赤」をみせたいのに黒が出てくる…それは困ったことであり、現実の話、そういった作品は不良品として扱われたりしていたようです。

赤い土も焼いてみると黒いものが出てくる―ということはぼくも知っていました。従来、マイナス要素と見ていたその黒を美しいものとしてとらえ、作品に生かしていけないか、ということで手がけたのが、いまやっている〈窯変〉ものです。ひところはやった言葉で言うと、「逆転の発想」ということになるかもしれません。

とは言っても、ぼくの頭の中に最初から「窯変」があったということではありません。昭和四十一年に佐渡に帰ってから三、四年の間は、思いつくままにいろんなことをしまし

た。自分なりにどうすればよりよい表現ができるか…やってはだめ、やってはだめ、の連続でした。

ただ、ぼくの目の前には無名異という素材があった。それを横に置いて自由、気ままに道を選んでいこう、という気持ちには結果的にならなかった。伝統的に与えられている素材を生かして使う、というのがぼくにとって使命だし、自分にとって一番いいと判断したわけです。

窯変で焼く作品の主流は壷です。窯変を生かす形はやはり壷かなあ、と思う。つくっていく手順は、基本的にほかの焼き物と一緒です。ろくろを引くか、土をたたいて板にして成形するか、それともひもづくりにするか…。やり方はいろいろあるが、ろくろを使うものが一番多いですね。

土は、うちの工房で使っているものと同じものを使います。作品にもよるが、ろくろは十五分もあれば挽《ひ》けますね。成形したものの乾燥は夏で一週間、冬場で十五日ぐらいでしょうか。ええ、自然乾燥です。焼き上げには窖窯《あながま》で丸一昼夜かかります。

作品は出来上がった段階で、「鑑賞に耐え得るか?」「価値はあるのか?」となるのだと思います。問われるのはトータルとしての作品であって、「フォルムの線はきれいだが、窯変の出方がおもしろくない」といったことではない。つくる側から言わせてもらうと、形をつくるのも、窯をたくのも難しい。すべてが難しいんです。

「結果として鑑賞に耐え得るものができるよう、すべての要素に気を配っていく」――こういう言い方が、ぼく自身の気持ちに一番

ぴったりしているような気がします。

出来上がった作品を評価する尺度となるのは、作品を見る側の人の感性でしょう。つくり手はつくり手なりの感性という物差しに照らし合わせて自分の作品を評価するわけだが、「ここがこうだから…」といった、具体的な言葉は出てこないと思いますよ。

各地の個展会場での、窯変に対する来場者の反応…ですか？　正直のところわからないですねえ。その場に立ち会っていない場合が多いので…。

ぼく自身、つくり手として展覧会でやることは作品をつくり、並べるというところまでと思っている。会場でお客の反応を聞くこと、言ってみればマーケッティングを怠っているふしがあるのは事実です。マーケットのニーズを拾い上げていくことが、コマーシャ

ルの面でいい結果につながる、ということも承知しております。

ただ、その一方、作品のつくり手として、それでいいのかなあ、と思う。尊大な言い方になるかもしれませんが、つくり手はまず自分があって、自分の思いや力を総合して、「よし！」とするものをつくっていく存在なのではないでしょうか。

人の意見は聞かない、ということではないが、売らんがために話を聞く、ということはしたくない。偉そうなことを言ってはばかるところもありますが、ぼくはそう思っています。

そうですね。窯変を手がけて、もう三十年余になります。窯変に限って言うと、ぼく自身歳《とし》を重ねてきたということと、作品が変わってきたということは連動しているんだ、

・赤水窯の職人がつくる茶器・酒器など…世に出る日も間近だ.

・のぼり窯から高くの
レンガの煙突は、周
木々に囲まれてレト
風情をかもしだして

という気がする。モノに対する自分の考えや感性が、年を追って少しずつ変わってきていると思います。

窯変という技法をやめるつもりはありません。今の段階では…。ぼくは、ひと味違う窯変というものが必ずあると思っている。「それができる」とまでは言えませんが…。窯変の種類を変えるべく、あれこれ試行錯誤しているものの、結果はまだ出ていない…といったあたりが今の状況です。

いま、「窯変の種類を変えるべく…」という言い方をしましたが、窯変による作品の表面変化を追求していくという方向に変わりはありません。どういう具合に変化させるか、変化の仕方を変えたい、と思っているんです。

これまで無名異の赤い地に、どのようにして黒をチャーミングに出していくか、試行錯誤を繰り返してきた。いま試行錯誤しながらやっているのは、赤い地にどういう種類の黒を配するのがいいのか、逆に黒地に赤を入れるにはどういう手があるのか、あるいは、もうちょっと違う感じの黒を出すことはできないか…などといったところです。

焼き物には、形と表面がもっている魅力という二つの要素がある。窯変をこの二つの要素に沿った形で変えていこう、という試みはやっているんですが、まだ結果にはつながっていない。結果を出していくための要因として、つくり手が積み上げてきた蓄積と一瞬のひらめきがある。ぼくはどちらかと言うと、蓄積の中からなにかが出てくるような気がします。ある日突然、新しい考えが出てきたとしても、それは蓄積してきたものの上に立ってのものだと思う。

例えばの話、ぼくが焼き物をやめてアクリルをやりだす、ということはありません。

＜練り上げ＞土との対話

練り上げを手がけたのは、昭和五十九年からです。五十五年の日本伝統工芸展に出した窯変の壷が奨励賞となり、一応の評価をいただいたので、「次は…」と試行錯誤の結果、たどり着いたのが練り上げだった。

その間、四年というもの、ああでもない、こうでもないといろいろやりました。釉薬を試みたり、板にした土を張り合わせてみたり…大変だった。そのころ、ぼく自身も練り上げについては〝異なる土を合わせてつくるもの〟というぐらいしか知りませんでした。

練り上げを展覧会に出したのは、昭和六十年の第八回日本陶芸展が初めてだった。出品した鉢がグランプリ（最優秀作品賞）になりまして…。ほんと、びっくりしました。うれしいという気持ちがこみ上げてきたのは、二呼吸も三呼吸も置いてからだった。先輩から、「変わったことをやったときは賞をもらうか、落選するか、だ」とひやかされたものです。そう、練り上げを始めてから賞をもらうまでの一年ほどの間に、何点かは形にしていたような気がします。

窯変は昭和四十三年ごろから始め、ずうっとつくり続けてきております。あとを追って練り上げが出た。近年、練り上げが増えてきているが、ぼくにとって練り上げも表現の方法の一つであって、窯変、練り上げは並列ということになります。練り上げの方がウエートが高いとか、値打ちがあるとか思ってません。

横軸に年月の経過をとった図に当てはめてみると、窯変、練り上げという二本の線は、

立ち上がったあと、切れ目なく重なり合って続いている、ということでしょうか。ぼくはぼくなりのパターンで仕事をやっていく。それしかない。そう思います。

18. 無名異窯変水指

練り上げを手がけて約二十年になるが、この間に作品の表面処理―平たく言えば文様は変わってきています。最初に手がけたのは、線をベースにしたデザインだった。「ストライプ」「線紋」と呼んでいるものです。次にきたのが花紋で、現在は同じ花紋でも奥行きを感じさせる遠近感のある花紋となっている。いまやっているのは、三つ目のパターンということになります。

ストライプをやっているうちに、何かあきたらなくなって、「じゃあ、花紋をやってみよう」という気持ちになる。そして次は、「花紋に遠近感を出せないものか」となる。やっているうちに〝変わろう〟〝変えてやろう〟というエネルギーが出てくるんです。そういうもんなんですね。一番手にストライプを選んだのは、技工的に簡単だったからです。ストライプをやっているうちに、別の紋様もできるということが分かってきた。そこで花紋となった。テーマはさかなでもチョウでもよかったのですが、作品に合うのはなにか、ということで花を選んだ、ということです。

練り上げのつくり方ですか？　個展の会場などでよく聞かれます。いつもこんなふうに説明しています。まず、色の違う土を重ね合わせて、押したりつぶしたりして、巻き寿司あるいは金太郎あめ状のものをつくる。どこを切っても花紋なら、同じ花紋が出てくる棒状のものをつくる。それを切って切断面を見せるように、皿なら皿になるように並べ、形を整えていく…。なんとなくお分かりいただけるのではないか。どうでしょう？

花紋を散りばめた皿をつくる場合は、あらかじめ別に焼いておいた皿の上に、切断した〝金太郎あめ〟を重層に組み、乾いたところ

で皿から外して焼く――。こういう手順となります。変化わざが必要となるが、花紋入りの壺をつくる場合も基本的な手法は同じです。

土は、日ごろ工房で使っているものに島内、島外から取り寄せた土を混ぜ合わせてつくる。赤・白・黒の三色が基本となります。作品の生づくりが終わるまで二十日、乾燥が終わるまで早くて一カ月余かかりますね。窯変に比べ時間がかかる。窯の中で窯変しては困るので、窯は電気やガスを使います。

「技術が技術を生む」という言葉があるが、練り上げも技術にのめり込んでいくようなところがある技法じゃないか、と思います。技術面がエスカレートしていく可能性も、ないとは言えません。

技法が複雑になるということは、必ずしも〝モノとしてよくなる〟〝魅力的になる〟ということにつながらない――そんなところまでは言いません。ただ、技法の複雑化は、得てしてパワーや迫力がなくなることにつながるおそれはあるんじゃないですか?

技法の複雑化はよしとしても、それによってパワーを失わないよう心がけなければならない。これは練り上げについても言えることではないか…。ぼくは、そんなふうに思っております。

無名異焼にも、あるべき理想というものがあると思います。抽象的なものでしょうけれど…。それに近づいていきたい、という気持ちは持っております。このへんで〝次〟に行きたいところだが、次が固まっていない。どこかでひらめきを得たいところです。もどかしさもある。

どこでひらめくか？　絵かきさんや文章をつづる人は、あちこち旅に出て…ということになるのかもしれないが、ぼくもそういったことをやらなければならんのでしょうか？

19. 無名異練上花紋大壺

20. 無名異窯変櫛目壺

21. 無名異練上線紋鉢

22. 無名異練上花紋角皿

23. 無名異練上花紋大壺

24. 無名異窯変大壺

25. 無名異練上花紋盒

26. 無名異練上花紋水指

「美」を読む視角

日本の文学・文化の研究で知られるドナルド・キーン氏が著書『日本人の美意識』（中央公論新社刊）の中で、論点として「暗示、または余情」「いびつさ、ないし不規則性」「簡潔」「ほろび易さ」を取り上げている。「そうした互いに関連する美的概念は、日本人の美的表現の最も代表的なものを志向している」と述べている。

「ほろびやすさ」のくだりを例にとると、その具体例としてキーン氏は、梅の花より開花の期間が短い桜を好む日本人の心情や、金《きん》を使って入念にひびを修理した抹茶茶碗などを挙げている。五・七・五・七・七と三十一文字でつづる短歌の詩型もキーン氏の目には「不整合性、あるいは不規則性を選び…」と映る。

美を読む視角は、その人、そのひとの立場や環境によって異なる。キーン氏は外国人という視座から、ぬくもりのある目で日本の美というものを読み取ってきたと言えるだろう。

つくり手である赤水さんの視座、視角は？

〝グローバルな美〟というものがないとは言わないし、否定もしません。グローバルな形で仕事をしたい、という気持ちは多くの人が持っていると思う。国や宗教を超えることができれば、至上のよろこびでしょう。ぼく自身、そう思いますね。

ただ、現実の話、民族や国、宗教によって、美に対する感性やとらえ方は違う。日本で高い評価を得た作品が、アメリカでも評価されるとは限りません。「1+1」の答えは、必ずしも「2」ではないということでしょう。地域によって環境が違うんだから、美に向かい合う表情や姿勢が違って当然と言えるんじゃないですか。

その意味で、〝グローバルな世界〟に一歩でも近づいていくテコとなる力は、リージョナル（地域としての）な視点だと思う。自分が生き、立脚している地域の色を色濃く出していくことだと思う。

そういった思いの大切さは、若いころからぼくもにおいとして膚《はだ》で感じ取っていました。近ごろは日常的に口に出して、あえて断言しております。

日本人の美意識についてのドナルド・キーンさんの分析は、ポイントを押さえている。キーン氏が挙げている「不規則性」は、私たちの言葉で言うと「破調の美」ということになるでしょう。茶席などで使われるいびつな、へこんだところもある茶わんなんかも「不規則性」を表したもので、日本人の美意識のファクターの一つと言ってもいい。

よく言われる表現を借りると、キーンさんの言う「簡潔」は〝シンプル・イズ・ベスト〟ということです。まさに、そうなんです。前にも話しましたが、陶芸の世界でも技術の進展が技工の複雑化を呼び込み、美の力が弱まるという側面があると思う。どこかでぜい肉をそぎ落とし、シンプルなものにする必要がある…ぼくは、そう思っています。

いろんな場でのいろんな人との話の中で、「あの茶わんを見て、人生、考えさせるものがありました」といった言葉に出くわすこと

27. 無名異練上花紋角壺

がままあります。なにかを見て、自分なりの人生観を引っ張り出して、「ああ、そうなんだナ」と自ら納得する—そういった場面は身の回りに案外あるんじゃないですか？　ドナルド・キーンが日本人の美意識の一つとして挙げた、「暗示性」にかかわっての話です。

ただ、正直言って、ぼくは人生観とか、なんとか観とかいった、大それたことを考えながら作品をつくっているわけじゃありません。より美しいものに近づいていくにはどうしたらいいか…それだけを考えております。

焼き物をやっている人の中には、〝社会批判〟とか〝人間不信〟といったコンセプトを、目の前に置いて作品をつくっている方もいらっしゃる。ぼくはそういったコンセプトをもって、つくってはいない。佐渡が島についても、気持ちの底に広がりがあるのは事実ですが、佐渡をダイレクトに表現して見せるということはありません。

ぼくらの仕事は、壷なら壷という誰が見ても壷と分かるコンセプトのなかで動いているんです。社会的主張とかいったものを前面に出して、つくっているわけではありません。仮に、もしそうだとしたら、これまでもっていたコンセプトをきれいさっぱり取り払わないとやっていけない。ぼくは、ぼくなりの一つのわくの中で跳びはねたり、引っくり返ったりしているだけなんです。ほんと…。

赤水窯の職人

デパート、みやげ物店の「窯元 赤水」コーナーなどで展示・販売されている茶器・酒器などバラエティーに富んだ作品をつくり出しているのが、赤水窯の職人さんだ。制作工房は、伊藤赤水氏の制作室を挟んで右側と左側に分かれている。右側の工房では男女二人の職人さんが、畳二十畳ほどの広い作業室で黙々とろくろを回す。

その手さばきは、まさに職人技。日常で使用する茶器や花器が、寸分のくるいもなく形になっていく。室内には、凛とした緊張感が漂い、その雰囲気が不思議と心地良い。

・たくみな職人の手が、日常の茶器をつくりだしていく.

向かって左の部屋では、二人の女性が絵付けをしている。お互いが離れて作業をする姿には、集中力がみなぎっている。細い筆で、もみじや花の絵付けを丹念にこなしていく。

ここで制作された作品は、下相川の「伊藤赤水 作品館」でも展示、販売されている。佐渡みやげにと、買い求める向きも多い。

・絵付けをしている光景.

・ろくろを回して制作していく過程は、緊張の連続の時間でもある.

ぐるりと見回してみて、「すごいなぁ」と思う芸術家はたくさんいます。絵画、彫刻…ジャンル、ジャンルにおります。

ただ、そういう驚きや感動も、自分みずからのさまざまな体験、人との付き合いなど日常的なことや、美術館、博物館で見てきたことどもなどと、同列のものとぼくは考えております。そういったもろもろのものから直接的に、あるいは間接的に受け取ったものが作品に反映されるのではないでしょうか…。ぼくはそう思ってます。

だから、特定の作家の作品を見て、「ひらめいた」という記憶や経験は自分にはない。展覧会に行っても、展示されている作品を一点一点丹念に見るということはしない。さっと回って見るだけです。特定の作家の影響を、ダイレクトに受けることを内心きらっているのかもしれません。

焼き物の用と美の問題ですか？　ぼくも「用」の重さを否定はしませんが、自分の気持ち、願望としては用を超えた「美」を優先したい。赤水窯の工房で焼いている製品も〝美を重くみたものを〟と思っています。

意識するかどうか、は別として、人がその手でつくるものには芸の要素が入っている。人の手を離れてつくるもの―例えば機械によって大量につくる量産品―なんかに芸があるとはちょっと考えにくい。そう思いませんか？　つくり手の意識の問題が大きくかかわってくる、と言えるかもしれませんね。

若いころからこんなことを真正面から考えていたか、というとちょっと違う。若いときは、そんなことをなんとなくにおいで感じ取っていたんじゃないかと思います。ええ…。

見果てぬ夢

平成十五年九月、新潟市の「大和」新潟店六階の催事場で、五代・伊藤赤水の人間国宝認定を記念しての特別展が開かれた。窯変、練り上げの最新作品約百五十点が並ぶ展覧会だった。開会前日の同月十七日の夕、店内のレストランでオープニング・パーティーが開かれた。マイクを手に、赤水さんはこんな話をした。

「若い、若いでやってきましたが〝若い〟と言っては、はばかる年となりました。どろんこと格闘して、もう三十数年になります」

「ものをつくるというのはどういうことなのか…。昨今、考えるようになりました。ものをつくるには技術が必要です。その積み重ねによって練度は深まっていきますが、技術があればものができていくかというと、どうも違うような気がします。

人間というか、人間性というか、そういうものが、ものをつくっていくうえで大きなファクターになるように思えます。これがあって技術もできていくものと思います」

「私自身、これまで気張った形で生きてきたわけではありません。私なりに自然体でやってきたつもりです。これからも、今まで通り愚直に精進するしかない、と思っております」

—一語いち語、自ら確認するような口調で語った。かたわらに立つ夫人の千恵子さんは終始、穏やかなほほ笑みを浮かべていた。

28. 無名異練上花紋鉢

あのこと（人間国宝認定）があったからといって、何か新しいことを考えたり、動いたり、ということはありません。ただ、ものづくりとして、一つのところにとどまっているのはいかがなものか、との思いはある。次々に違うことができたらなぁ…と思います。

　あのことで、無名異焼というジャンルに対する責任が重くなった。そういう思いは確かにあります。その無名異焼というものを、どのようにとらえるか？　ぼくは、無名異焼のコンセプトを狭義にとらえない方がいいと思う。最低限の要素を守り、作品の領域は広げていくということが大事なんじゃないですか。

　作品をつくるとき、素材は地元のものを使う。あとの展開はつくり手の考え方や才覚、人間性とかでできていく――言ってみればこういうことになる。「これこれの要素・条件がそろっていないと無名異焼でない」といった調

・相川から尖閣湾に向かう途中に「伊藤赤水・作品館」がある.

子の狭い定義づけには、ぼくは賛同できません。

　ひところまで無名異焼と言えば〝赤地に、みがき上げたような肌〟ととらえる風潮がありました。これは無名異焼の、一つのパターンに過ぎないとぼくは思ってます。広く言えば、無名異焼には釉薬《うわぐすり》をかけたものもあれば楽焼きもある。無名異焼を発展させていくためには、〝無名異焼とは何か〟定義づけの幅を広げておく必要がある。狭く定義づけてしまうと、つくり手も動きがとれなくなってしまうんじゃないですか。かなり昔から、ぼくはそんなふうに考えてました。

　そう、もう二十年近く前になりましょうか。私たちの組合で組合員の合意として、「無名異焼の素材は、佐渡金山の近辺の無名異を使う」「作品はこの土地で焼いたものとする」といった趣旨の考え方をまとめたことがある。

29. 無名異窯変壺

第一点は、無名異焼の根っことなるものです。第二点で言う〝この土地〟は、必ずしも金山周辺ということでなく、「佐渡が島」と解していいんじゃないですか。ぼくはそう思う。

無名異焼にとって佐渡という土地は、一番大事な要素なのです。そこで生きているということは、つくり手の表現に大きくかかわってくる。同じ素材を使っても、東京で焼くと違うものができてくるんじゃないですか?

ぼくも若いころ、いろんなことをやりました。日展への応募作品を肩にかついで、東京の町を駆けずり回った日々のあれこれも鮮明に記憶に残っております。結局、無名異焼に帰ってきた。そこしかぼくの居場所はないと思ったからです。これから先も、「無名異焼以外の領域に」ということはありません。白か黒か、はっきりしております。

ただ、私たちを取り巻く時代背景は、どんどん変わっている。現代を生きる人間として、これまでも時代性というものについては、それなりに大切にしてきたつもりです。これからも、時代性を大切にしながら焼き物をやっていきたい。いま生きている人が何を求めているか、を大事にしたい。そう思っております。

おかしな例えかもしれませんが、昨今の厳しい経済状況のなか、先を読める人がおれば、不況脱出に向けての確かな処方せんも書けると思う。残念ながら、だれも先を読み切ることができません。それと同様、美の世界の未来予測も難しい。到底、ぼくにできる業《わざ》ではありません。

いまの時代、愚直に生きていくに如《し》くはなし―ということになるんじゃないですか。そんな気がしますね。

夢―ですか？　人に語るほどの夢は持ってないんですよねぇ。夢というものはゴールでもないんじゃないですか？　よく分かりませんが…。

自分の気持ちのなかで、夢らしきものに手が届くと、また夢らしきものが立ち現れる。そしてまた…。夢というものは、こういうものだと思ってます。夢はもっても、見果てぬ夢でいいんじゃないですか。

これまでインタビューなどで何回か、「これからの夢は？」と聞かれたことがある。正直言って具体的な形で〝将来、こうあってほしい〟という夢はありません。強《し》いて言うなら、〝よりよい仕事をする〟ということでしょうか。ものづくりですから…。まだ、ドロドロしたものがあります。

見果てぬ夢で終わると思いますが、それはそれでいいんじゃないか、と思いますね。ええ…。ほんと、そう思います。

伊藤赤水 作品館

「かんどころ」という言葉がある。漢字で書くと勘所、肝所、甲所…となる。その意は、押さえどころ、肝要なところといったところだろう。いま風に言ったら、「ポイント」となるのではないか。

平成八年、佐渡・下相川地区に開設された〈伊藤赤水作品館〉は、いくつかの点でまさに「かんどころ」を押さえた存在と言えるような気がする。

その一つは、絶好の場所にあるということだ。海岸沿いの高台に位置している作品館からは、目の前に大きく広がる日本海と、相川の中心街から春日崎に向けてゆるやかな曲線を描いているシーサイドラインを見渡すことができる。

端正な建て物のたたずまいも、赤水さんの作品と通じるものがあり、「かんどころ」を押さえたつくりとなっている。極め付きは、初代から現在の五代に至る歴代・伊藤赤水の作品が展示されているという

・作品館全景.

・作品館から相川・春日崎方面を望む.

ことだろう。展示場には茶器、酒器、花入れなど工房の作品も並んでいる。

　開館は四月から十一月まで。来館者名簿の住所欄には、北海道から九州まで各地の地名が書き込まれている。「目的意識のある方が多いようです」と赤水さん。かんどころを押さえた旅を楽しむ人たちなのだろう。

・作品館内には、伊藤赤水氏の作品と工房の職人がつくった日用品が展示・販売されている.

・作品館の特別室には、初代から四代までの歴代・伊藤赤水の作品が展示されており、その歴史をみることができる.

エピローグ　その一日

五代・伊藤赤水の一日は、朝七時過ぎの起床で始まる。「年のせいか、目覚めが早くなりまして…」。そそくさと身支度して、八時半には工房（仕事場）に行く。

工房は、金山奉行・大久保長安ゆかりの寺として知られる大安寺前の石畳を敷き詰めた坂を登り、大門前を道なりに右折してすぐ右手にある。自宅から歩いて十分たらずの距離だ。

工房は、旧金山方向から流れ下ってくる幅五メートルばかりの赤川の流れをはさんで、作業棟と窯場の建物が相対している。作業棟では五人の従業員が、土つくりや成型の作業に取り組んでいる。ただただ、ひたすらに黙々と手を動かして

いる。

その日の仕事の段取りをつけたあと、九時過ぎに自宅に戻り、朝食を摂る。

「ぼくは、ご飯じゃないとダメなので…」

食事は三食とも和食だ。


赤水窯の当主としての時間帯は大変に忙しい。昼食をはさんで午後二時半ごろ再び工房に足を運ぶまで、相次いでの電話や来客の応対などに追われる。携帯電話を手に丁々発止のやりとりをする表情からは、生身の社会と真正面から向かい合う仕事人間としての、赤水さんの息づかいが伝わってくる。

陶芸作家として工房のろくろを引くのは、午後二時半ごろから。おおむね五時半ごろ、遅い日は夜七時ごろ、大安寺前の石畳を一歩一歩踏み締めながらの帰宅となる。

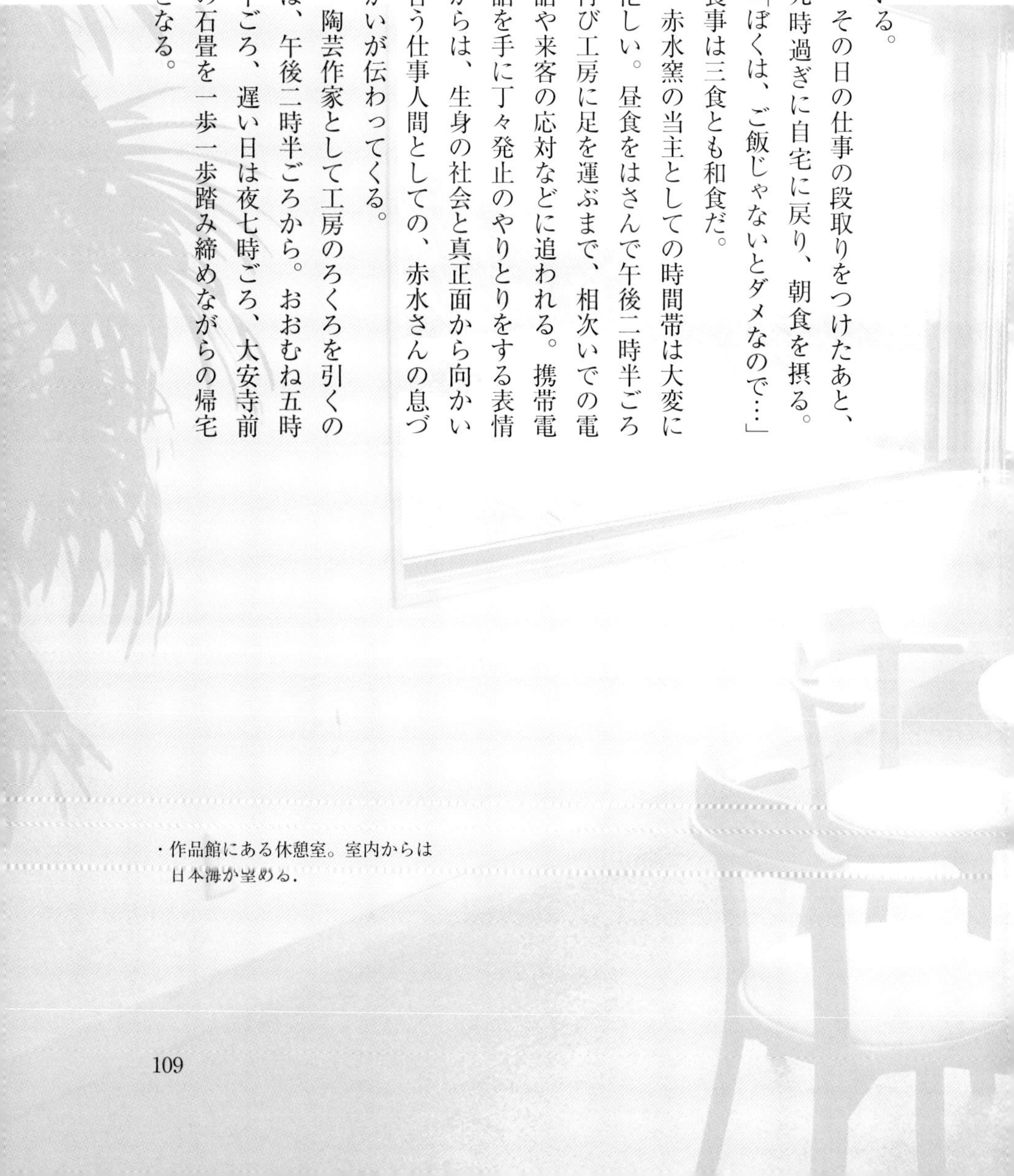

・作品館にある休憩室。室内からは日本海が望める。

「晩ご飯のときは酒を飲みます。三百五十ミリリットル入りの缶ビールを一本—このうち三分の一は女房が、ぼくはあとの三分の二、二百三十ミリリットルほどを飲みます。うちで飲むのはそれだけです」—ご当人の話である。仕事や付き合いの関係で、そのあと町へ出ることがある。十日に何回、夜の町に出るか—についてては、千恵子夫人との間で認識と見解が分かれ、結論は見いだし得なかった。

赤水さんは、工房の見回りでその一日を締める。「帰りが一時、二時となっても、必ず火の元の点検に行きます」と千恵子夫人。工房内の黒板には〝火の用心〟の四文字が大書してあった。

夫妻が楽しみにしていることがある。竜谷大学哲学科を卒業後、滋賀県の信楽窯業試験所、石川県立九谷焼技術研究所で焼き物の研究・研修を重ねてきた子息の英傑《ひでたけ》さん（一九七七年生まれ）が、「そろそろ佐渡に帰りたい」と言ってきているというのだ。「帰ってきても放っておくつもりです。顔を見たらついつい、口を出してしまうかもしれませんけれど…。息子は息子なりの色を探ればいいんだ、と思っております」—五代の口元がほころんだ。

30. 無名異練上花紋壺

作品目録

	題名	制作年	サイズ
1	無名異窯変花入	1987年	高34・8×径12・4cm
2	無名異練上大鉢	1989年	高13・6×径44・0cm
3	無名異練上大鉢	1989年	高15・0×径45・5cm
4	無名異練上花紋大鉢	1992年	高10・0×径48・5cm
5	無名異窯変壺	1992年	高26・5×径30・0cm
6	無名異練上花紋大壺	1992年	高35・5×径34・5cm
7	無名異窯変大壺	1992年	高35・0×径37・0cm
8	無名異練上花紋香炉	1992年	高13・5×径12・0cm
9	無名異練上大鉢	1993年	高15・9×径43・8cm
10	無名異練上樹紋大角皿	1993年	縦44・5×横95・0×高7・0cm
11	無名異練上角皿	1994年	縦39・0×横80・5×高8・6cm
12	無名異練上香炉	1994年	高12・4×径11・9cm
13	無名異練上花紋鉢	1997年	高13・5×径41・0cm
14	無名異練上花紋大鉢	1997年	高10・0×径49・0cm

15　無名異窯変大壺　１９９７年　高３６・５×径４１・０cm
16　無名異練上大角皿　１９９７年　縦５１・５×横５６・０×高１７・０cm
17　無名異窯変大壺　１９９７年　高３５・５×径４０・０cm
18　無名異窯変水指　１９９８年　高１７・５×径１５・０cm
19　無名異練上花紋大壺　１９９８年　高３２・０×径３４・０cm
20　無名異窯変櫛目壺　１９９８年　高２１・０×径２４・５cm
21　無名異練上線紋鉢　１９９８年　高１７・０×径４７・０cm
22　無名異練上花紋角皿　２００１年　縦３１・６×横６９・０×高７・５cm
23　無名異練上花紋大壺　２００１年　高３２・３×径３４・４cm
24　無名異窯変大壺　２００３年　高４０・０×径４１・０cm
25　無名異練上花紋盒　２００３年　高１２・５×径２５・７cm
26　無名異練上花紋水指　２００３年　高１９・５×径１８・５cm
27　無名異練上花紋角壺　２００３年　高３８・５×径２５・０cm
28　無名異練上花紋鉢　２００３年　高９・０×径４４・５cm
29　無名異窯変壺　２００３年　高２９・０×径３３・０cm
30　無名異練上花紋壺　２００３年　高３１・０×径３４・５cm

陶歴

昭和四十一年　京都工芸繊維大学窯業科卒
昭和四十七年　第十九回日本伝統工芸展入選、以降入選
昭和四十八年　第二回日本陶芸展入選、以降入選
昭和五十一年　日本工芸会正会員に推される
昭和五十二年　五代 伊藤赤水を襲名
昭和五十五年　第二十回伝統工芸新作展にて奨励賞受賞
　　　　　　　第二十七回日本伝統工芸展にて奨励賞受賞
　　　　　　　日華陶芸展招待出品（台湾）
昭和五十六年　米国ワシントン・国立スミソニアン博物館及び英国国立ビクトリア・アンド・アルバート美術館における「日本現代陶芸展」招待出品
昭和五十七年　NNS主催くらしのやきもの展招待出品
　　　　　　　第七回アジア芸術家・現代日本陶芸展招待出品(香港)
昭和五十八年　第一回「全日本伝統工芸選抜作家展」招待出品　以降出品
　　　　　　　国立近代美術館主催「伝統工芸三十年の歩み展」に招待出品
　　　　　　　『現代日本の陶芸』第九巻講談社刊に収録
昭和六　十　年　日本陶磁協会主催現代陶芸選抜展に招待出品、以降出品
　　　　　　　第八回日本陶芸展にて最優秀作品賞・秩父宮賜杯を受ける
昭和六十二年　伝統工芸新作展鑑審査委員
　　　　　　　日本陶磁協会賞・受賞
　　　　　　　国際交流基金主催「現代日本伝統陶芸展」（世界各国巡回展）招待出品
平成　元　年　日本陶芸展推薦出品、以降推薦出品
　　　　　　　伝統工芸新作展鑑審査委員
　　　　　　　『現代の日本陶芸』淡交社刊に収録

平成　二　年　伝統工芸新作展鑑査委員
滋賀県立陶芸の森　陶芸館開設記念展　招待出品
平成陶芸の全貌と展望展

平成　三　年　伝統工芸新作展無鑑査出品、以降無鑑査

平成　四　年　秋篠宮殿下御買い上げ

平成　五　年　中央公論社刊『日本の陶磁・現代篇』に収録
皇太子妃雅子様御成婚のお祝いとして、新潟県より小和田家へ「無名異窯変壺」が贈られる
米国ニューヨークにおける「現代日本の陶芸」展に出品される（パークコレクションより）

平成　六　年　伝統工芸新作展鑑査委員
英国国立ビクトリア・アンド・アルバート美術館「無名異窯変壺」買い上げ

平成　七　年　英国にて出版された『現代日本工芸・伝統と前衛』に無名異窯変壺、掲載
ブランシェット・ロックフェラー奨学基金募金オークション作品出品
ニューヨーク・ギャラリー第一アートでの鉢展に練上鉢出品（ニューヨーク、マンハッタン）
英国ビクトリア・アンド・アルバート美術館における「日本のスタジオクラフト・伝統と前衛」に招待出品

平成　八　年　ＮＨＫ衛星放送「やきもの探訪・伊藤赤水」が収録、放送
ＮＨＫ主催「やきもの探訪展」出品
第四十四回日本伝統工芸展において高松宮記念賞・受賞
受賞作品文化庁買い上げ

平成　九　年　新潟日報社主催「伊藤赤水　赤と炎の世界作陶三十周年記念展」（新潟大和）

平成十年　伝統工芸新作展鑑審査委員
新潟日報文化賞（芸術部門）受賞
平成十一年　日本伝統工芸展監査委員
新潟県知事表彰（芸術文化部門）
平成十三年　伝統工芸新作展鑑審査委員
日本伝統工芸展五十年記念展招待出品
平成十五年　重要無形文化財保持者（人間国宝）認定
重要無形文化財保持者（人間国宝）認定特別記念展
「無名異　五代伊藤赤水展」（新潟大和）

作品収蔵

文化庁	新潟県庁
東京国立近代美術館	新潟県立近代美術館
国際交流基金	敦井美術館
外務省	新津記念館
農林水産省	雪梁舎美術館
中小企業金融公庫	佐渡博物館
伊勢神宮外宮神楽殿	佐渡相川郷土博物館

英国国立ビクトリア・アンド・アルバート美術館
米国パーク・コレクション

あとがき

赤水さん―五代・伊藤赤水―とは、かれこれ二十余年のお付き合いとなる。最初に〝出会った〟のは、新潟市のデパートで開かれた伝統工芸関連の展覧会の会場だった。会場に入ると、目の前に窯変の壷があった。若々しい力を秘めた、端正なたたずまいが強く心に残った。ほどなく、なにかの席で赤水さんに会い、あの壷の話をした。話がはずんで、「一献」ということになった。一つの壷が結んでくれた縁だった。

そのころ私は、新潟日報社のなかで文化欄、家庭欄などを担当する学芸部に配属されたばかりだった。先輩のKさんからの申し送り事項の一つとして、「文化欄用に赤水さんから〝赤〟についての一文を寄せてもらってほしい」というものがあった。想像するに、Kさんは、無名異の〝赤〟に託して、地域からの視点を紙面で発信したかったのではなかったか、と思う。赤水さんには二回ほど「赤について一文を」と持ちかけたが、ただほほ笑みを返すだけだった。

たまたま今回、「伊藤赤水の世界」と題して、赤水さんの思いのあれこれをまとめる機会に恵まれた。いまは亡きKさんが残した思いに、何万分の一かでも応えることができたとしたら、ほんとうにうれしい。

門外漢の私の、一からのインタビュー取材に、何日間かにわたって辛抱強く付き合ってくださった伊藤赤水さん、ありがとうございました。

平成十六年一月

尾嶋　静

尾嶋　静　おじま・しずか

昭和八年、東京生まれ。同三十一年、新潟大学人文学部法科卒、新潟日報社入社。編集局長、論説委員長などを歴任。平成十年、常務取締役を退任。現在、新潟日報社社友、新潟県社会教育委員連絡協議会会長、新潟テレビ21放送番組審議会委員長。

2004（平成16）年３月１日に、佐渡10市町村が合併して佐渡市が誕生した。本書では、新町村名では分かりずらい地域があるため、あえて旧町村名を使い、町・村の表記は外して使用した。

土《つち》と炎《ほのお》に挑《いど》む　人間国宝《にんげんこくほう》　伊藤赤水《いとうせきすい》の世界《せかい》

2004年５月20日　　初版第１刷発行

著　　者　伊《い》藤《とう》赤《せき》水《すい》
編　　者　尾嶋　静
発行者　竹田武英
発行所　新潟日報事業社
〒951-8131
新潟市白山浦2-645-54
TEL025-233-2100
FAX025 230 1833
印　　刷　新高速印刷株式会社

ISBN4－86132－041－0